QU'EST-CE QUE

LA CONSTITUTION

DE 95?

QU'EST-CE QUE LA CONSTITUTION DE 95 ?

Par *ADRIEN LEZAY*.

Il y a des conjonctures où l'on sent bien que l'on ne sauroit trop attenter contre le Peuple. Il y en a d'autres où il est clair qu'on ne peut trop la ménager. Vous pouvez aujonrd'hui ôter à cette Ville ses franchises, ses droits, ses privilèges; mais demain ne songez pas même à lui ôter ses enseignes.

LA BRUYÈRE.

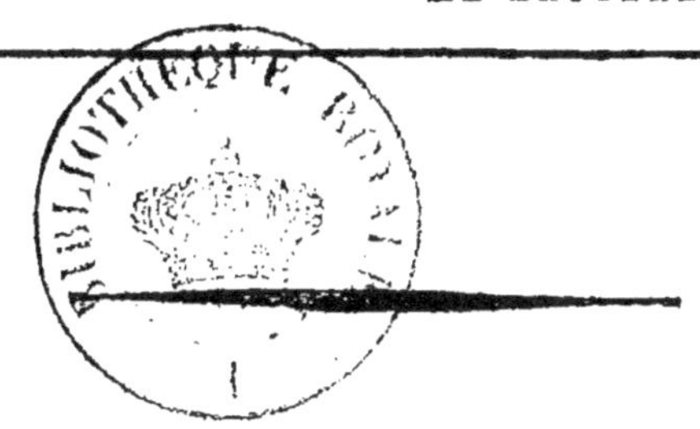

A PARIS,

Chez
{
MIGNERET, Imprimeur, rue Jacob, N.° 1186 ;
MARET, Libraire, Cour des Fontaines, Maison Égalité.
}

L'AN III.

INTRODUCTION.

LORSQU'EN 89 la France entière soupiroit après un changement, je ne sais si ce fut avec autant d'ardeur qu'elle le fait en 95, et si l'on n'est pas plus las aujourd'hui de ce que l'on appelle *Liberté*, qu'on ne l'étoit alors de ce que l'on appeloit servitude. Heureusement cette révolution dont Tous sont également fatigués, parce qu'elle a également pesé sur Tous, et qui n'abuse plus personne, parce qu'elle a abusé tout le monde, la Constitution va la clore.

Jusqu'à ce jour, plus forte que les hommes et les loix, il falloit qu'elle eût décrit tout son cercle, balayant indistinctement ses conducteurs et ses ennemis, confondant dans la même tombe le Pauvre avec le Riche, le Plébéïen avec le Noble, pour que, connue et éprouvée de tous, elle restât sans partisans. Aussi, tant qu'elle en eut, fit-on pour l'arrêter des efforts aussi vains, que le seroient, aujourd'hui qu'elle n'a plus personne, ceux que l'on tenteroit pour la continuer.

La France, ensevelie sous ses ruines, est

maintenant trop affoiblie pour pouvoir s'agiter ; elle a trop besoin du repos pour ne pas en vouloir. Telle qu'un champ de bataille où de grandes armées se sont dévorées sans se vaincre, l'œil n'y distingue plus que blessés ou cadavres, et chacun occupé de ses blessures et de ses morts, songe bien moins à s'engager dans de nouveaux combats, qu'à se remettre de ses pertes.

Heureux encore dans un malheur si grand, si nous savons en tirer quelque chose, et nous montrer aussi soumis à ses leçons que nous le fûmes à ses coups. A ce prix, seroit-ce avoir trop cher acheté la sagesse?... Mais en avoir payé l'apprentissage sans l'avoir obtenue, sortir inexpérimentés de cette dure et longue école, ne seroit-ce pas là le signe le plus effrayant de notre vocation au malheur ?

Témoins de tant de choses, cinq années nous en disent plus que vingt siècles n'en ont dit aux Nations : Que sont leurs traditions auprès de notre expérience, et leurs annales auprès de nos ruines? Là, c'est l'Histoire, ici, ce sont les Faits qui parlent : ailleurs, c'est sur le témoignage du passé que l'on craint les révolutions; ici, c'est d'elles-mêmes que nous avons appris à les craindre : ailleurs, les Peuples ont ouï dire qu'ils sont toujours punis de leurs écarts; mais ici, nous le sommes.

Oui : nos malheurs auront été moins grands que leur utilité, si nous savons y voir les leçons qu'ils recèlent : c'est là que nous lirons en caractères trop durables ce qui arrive d'un vieux Empire que l'on veut rajeunir en six ans : et quand nous l'aurons lu, alors, réformateurs moins emportés, nous imiterons la nature qui appelle lentement à la vie, et pousse doucement au Tombeau.

Là, nous lirons que les hommes paient toujours plus cher l'oubli de leurs devoirs, que celui de leurs droits, et que les excès d'un Pouvoir sans bornes, ne vont jamais si loin que ceux d'une Liberté sans frein.

Nous y verrons que l'amour de la nouveauté fut le principe de nos maux, et l'ignorance des Novateurs, leur mesure.

Nous les verrons se méprenant sur tout, étendre la Volonté du peuple, avant d'avoir étendu sa Raison, et ayant commencé par lui donner la *Liberté*, ne plus pouvoir lui donner l'*Ordre*.

Au lieu de rompre les liens qui le faisoient esclave, ils ne surent trancher que ceux qui le rendoient social ; et transportant l'état de nature au milieu de la société, ils crurent qu'ils l'avoient fait libre, quand ils l'eurent affranchi des Loix.

C'est ainsi que mesurant la France sur leurs cerveaux, et prenant les mots pour les choses, ils s'étoient crus Républicains, parce qu'ils l'avoient appellé République.

S'ils avoient su réformer, ils auroient été dispensés de détruire ; mais trop inhabiles pour lever des obstacles, ils ne surent que les briser ; et tel qu'un Général qui se venge sur une place de la résistance des assiégés, ils rasèrent le Trône, parce qu'il avoit été défendu.

Cette Constitution de 89 devoit périr de mort violente ; car ayant appelé à faire tout-à-coup la loi, des gens qui jusques-là l'avoient reçue, et à l'exécuter, un homme qui toute sa vie l'avoit faite ; ceux-là ne surent pas commander, celui-ci ne sut pas obéir ; en sorte que, conspirant les uns contre les autres, et se choquant sans cesse, le plus foible fut écrasé.

Les ennemis du Pouvoir absolu ont géné-
ralement blâmé cette Constitution ; le Démocrate , parce qu'elle admettoit un Roi ;
l'Homme libre , parce qu'elle n'admettoit
pas deux Chambres. En effet , dans cet
ordre de choses , ce n'étoit pas le Roi,
c'étoit le Corps Législatif qui étoit le Despote : s'il eût été divisé en deux , chaque
moitié limitant l'autre , il se fût réprimé
lui-même.

Cependant, toujours moins puissans à
mesure qu'Ils augmentoient leur Puissance,
et la trouvant toujours trop foible pour
eux, tandis que c'étoit eux qui l'étoient
trop pour elle, ils absorbèrent enfin tous
les pouvoirs, et ils en furent accablés ; de
même qu'un bras sans valeur l'est par des
armes trop pesantes.

Alors, ne pouvant plus gouverner, ils
opprimèrent : de toutes parts ils virent des
Conspirateurs, parce qu'ils en faisoient naître
de toutes parts ; et s'en prenant aux hommes
de la résistance des choses, ils punirent
cent mille Français de ce que la France ne
peut pas être une Démocratie.

Une contradiction qui ne s'explique point,
c'est qu'au moment où ils donnoient la

Démocratie à la France, ils l'ôtoient à la Convention en y créant le *Comité*; et tout en sentant que la forme démocratique est inapplicable à une assemblée de sept cents personnes, ils l'appliquoient à une de vingt-cinq millions.

Je n'ai pas compris davantage comment un tel Gouvernement put aussi rapidement s'adapter à cet immense Empire; mais je n'ai pas besoin de le chercher, quand je songe qu'en trois séances, et à la voix d'un Comédien, la France fut soumise au régime d'un canton Suisse.

Une si grande révolution dans les choses, devoit en produire une non moins grande dans les idées; quand on vit que la France étoit gouvernée à l'instar de ces Républiques qui ne formeroient pas un faubourg de Paris, on ne crut plus l'Histoire, et l'on pensa qu'un grand État peut se régir d'après les mêmes règles qu'un petit : mais l'on ne songeoit pas qu'un semblable régime avoit besoin, pour durer dix-huit mois, de cent Bastilles et d'autant d'échaffauds.

Depuis trois ans que l'on met constamment en fait ce qui est encore en question, on a abattu tant de têtes en offrande à certains Préjugés, que celles qui pourroient les ébranler ne sont plus, et qu'il ne reste guères que celles qui les ont établis : voilà peut-être le plus grand obstacle à notre guérison.

Convenons-en : c'est en parlant sans cesse au Peuple de ses droits, qu'il a fini par ne plus entendre ses intérêts ; je sais bien qu'il est Souverain, mais de ces Souverains qui doivent toujours rester en tutèle.

Ce fut sans doute un bien mauvais ordre de choses que celui où il n'étoit rien ; mais il en est un pire, et c'est celui où il est Tout. Pour preuve de ceci, je ne choisirai pour exemple, ni les massacres de Septembre, ni tous les crimes des Brigands ; je mets en scène les *Honnêtes-gens* : voyez ce qu'ils ont fait dernièrement à Lyon et à Marseille, voyez comme ils se sont conduits dans les *épuremens* ; et avouons que si Tibère eût été un aussi méchant Souverain que l'a été le Peuple Français depuis quatre ans, l'histoire en diroit encore pis.

Ce qu'est la Populace au Peuple, la Démocratie l'est aux autres Gouvernemens ;

c'est qu'elle est effectivement le Gouvernement de la Populace.

Je me représente la Démocratie par une armée dont les soldats seroient tous Généraux, et la Démocratie représentative par une fièvre avec redoublement.

Les bornes de la voix humaine sont celles de la Démocratie : où il faut des Représentans, il n'y a plus de Démocratie, elle n'est plus alors que dans la Représentation : c'est alors, si l'on veut, Démocratie dans Démocratie, c'est-à-dire, un mal dans un mal.

Quand je vois que les plus grands Amis de la Liberté parmi nous, furent en même temps les plus grands ennemis de l'ordre, et que ceux qui étoient les plus capables de la sentir, sont ceux qui ont été les moins zélés pour elle, j'ai lieu de croire que les uns et les autres ont peu besoin de l'avoir en très-grande mesure ; les premiers, parce qu'ils en abuseroient ; les autres, parce qu'ils n'en useroient pas.

Dans toute Société civilisée, c'est-à-dire, par-tout où la Propriété a jeté de profondes racines, la considération de la Liberté passera toujours après celle de l'ordre, les intérêts politiques après les intérêts civils, parce que c'est l'ordre et non la Liberté qui y assure la garantie ; que l'homme y subsiste par la part qu'il a dans le territoire, et non par celle qu'il a dans la souveraineté ; qu'enfin il y partage ses droits de Citoyen, tandis qu'il y exerce sans partage ses droits de Propriétaire. Demandez au premier venu, à quoi il seroit le plus sensible d'un grand procès qu'il auroit perdu, ou d'une grande Bataille qu'auroient gagnée sur nous les Espagnols, et vous saurez lequel en France on aime mieux de son Champ ou de sa Patrie ?

Je conviens que du temps des Dentatus et des Camilles on pensoit autrement ; mais ces gens-là n'étoient pas devenus libres en cinq ans, et ils ne vivoient que de fèves.

Une autre raison de la disconvenance de la Démocratie, à ces États où les richesses sont inégalement partagées, c'est que de cette inégalité, il résulte que beaucoup sont dans le cas de se vendre, et quelques-uns de les acheter ; et comme entre les acheteurs il peut y avoir concurrence, il en résulte un mal encore plus grand, je veux dire les Brigues.

Aussi voyons-nous qu'à Rome et à Athènes

auxquelles on nous renvoie sans cesse, la Démocratie disparut de l'instant où ces États furent devenus ce que nous sommes ; et entr'autres bizarreries, je remarquerai en passant, que notre République a commencé précisément au point où les leurs ont fini.

Est-il d'ailleurs bien sûr qu'Athènes et Rome aient dû leur grand éclat à la Démocratie? Pour moi, j'en doute : à Rome, quand je veux trouver la grandeur, c'est au Sénat et non dans les Comices ; à Athènes, c'est sous l'Aristosrate Périclès, et non sous le Démocrate Cléon ; en France, c'est dans ses Soldats, et non parmi ses Citoyens que je la trouve.

Le régime de Rome étoit-il très-démocratique? J'en doute encore : ou, pour mieux dire, je ne sais de quel nom désigner un État qui fut successivement gouverné par un, par deux, par trois, par dix et enfin par un seul Chef. Un État qui eut des Patriciens, des Chevaliers, des Plébéiens et des Esclaves ; un État qui opposoit la perpétuité d'un Sénat à la mobilité du Peuple, la puissance d'un Dictateur à celle de la multitude, les superstitions auguriales aux fantaisies populaires, et la guerre étrangère à la guerre intestine ; un État, en un mot, qui n'eut la Liberté que sous la condition de la ravir au Monde, et qui devoit cesser d'être libre, du jour où il auroit cessé d'avoir à vaincre.

Quoi qu'il en soit de Rome, je doute que la Constitution de 93 l'eût jamais rendue la maîtresse de l'Univers, et lui eût donné cette longue chaîne de Héros qui lie les deux extrémités de son histoire : mais pour des Marius et des Catilina, des dissensions et des cabales, des génies toujours moins voisins des grandes actions que des grands crimes, cette Constitution les eût à coup-sûr centuplés.

Voilà ce que j'avois à dire sur les deux ordres de choses qui, dans le cours d'un lustre, ont fait plus de victimes et de mécontens, que n'en a fait dans treize siècles celui qui les a précédés. Puisse seulement durer autant que lui, celui qu'on nous destine ! Et si au bout de sa longue carrière on lui reconnoît des abus, sans doute alors on aura trouvé les moyens de corriger avec moins d'amertume la vieillesse (1).

____

(1) Rien n'est plus bas que les flatteurs du Peuple, ils le sont plus que ceux des Rois; ils parlent bien des vices de l'ancien régime, mais ils se taisent sur

ceux du nouveau : Pour moi, j'ai *vu* les uns et *éprouvé* les autres; j'ai comparé le despotisme d'un seul homme à celui de la multitude, et franchement je suis resté convaincu qu'un bon Prince est une chose beaucoup moins rare qu'une bonne populace : j'ai vu que de grands inconvéniens sont inséparables de l'administration des grands Empires, et que par-tout où les liens moraux sont usés, il faut ou que la société se dissolve, ou qu'un Gouvernement vigoureux la contienne. Cependant, il est encore un moyen, c'est celui de la régénération; reste à savoir si c'est par les révolutions qu'elle s'opère. — Au surplus, l'on doit espérer que notre Expérience ne sera pas perdue; la Convention n'a qu'à vouloir, et quand elle aura trouvé la *forme de Constitution la mieux appropriée à vingt-cinq millions d'hommes, répandus sur trente mille lieues carrées,* je lui réponds de la sanction du Peuple.

CHAPITRE PREMIER.

Considérations préliminaires.

Lorsque l'on se rend compte de l'Esclavage où le Législateur a été tenu depuis trois ans, de l'espèce d'inviolabilité qui environne encore certaines opinions, de l'état où nous étions il n'y a pas deux mois, de ce que nous étions menacés d'être par la Constitution de 93, et qu'à tout cela l'on compare les Principes posés dans le rapport de la *Commission,* on a lieu d'être satisfait d'elle.

Oser asseoir le Gouvernement sur la Propriété, et la Législature sur deux Chambres, oser jeter tout-à-la-fois les bases de l'Ordre et de la saine Liberté, c'est avoir bien plus fait que l'on n'osoit attendre, et quelles que soient les imperfections de ce Plan, on peut y voir déja, comme dans ces informes constructions de Romulus, les fondemens de la *Ville éternelle* (1).

____

(1) Montesquieu, grandeur et décadence des Romains, chap. Ier.

Maintenant donc que la Commission a rempli son devoir, c'est au Public à s'acquitter du sien; c'est pour lui qu'elle a travaillé, mais c'est lui qui doit être Juge : et la France dans ce moment, se servant à elle-même d'interprète, ne doit plus se considérer que comme une immense *Convention* qui, prête à décréter ses destinées, appelle à sa tribune toutes les opinions.

Aujourd'hui donc chacun a la parole, et non pas seulement pour voter *Oui* ou *Non*, mais pour délibérer dans la plus grande latitude de la pensée humaine. A l'époque où se forme un Contrat social (et nous y sommes), il n'en est pas de même que lorsque ce Contrat est formé : jusques-là l'homme est encore à lui, lui seul peut disposer de lui, lui seul est maître des conditions auxquelles il s'associe, de même que la société de celles auxquelles elle l'aggrège; et la volonté individuelle ne pouvant être restreinte ou soumise par la volonté générale avant d'y avoir accédé, est jusques-là indéfinie.

Prescrire des bornes à son choix, ce qui en autres termes seroit substituer une autre volonté à la sienne, seroit des tyrannies la plus grossière; ce seroit la soumettre ou à la Loi qui n'est pas encore, ou à celle qui cesse d'être; ce seroit en prescrire à la volonté nationale elle-même, puisque celle-ci ne se manifestant que par la manifestation des volontés particulières, borner l'une seroit borner l'autre. Or, la volonté individuelle ne pouvant être bornée que par la volonté générale, celle-là ne peut l'être avant que celle-ci ne soit connue.

Du droit dont le Républicain vote la République, je veux donc que le Royaliste vote la Royauté : ici tous les citoyens sont égaux, de même des suffrages, autrement ils ne sont pas libres, et en ceci tout ce qu'un Peuple a droit de faire, un Citoyen a droit de le dire.

Malheur à nous si ces principes étoient méconnus, et si après avoir tant abusé de nos droits, nous venions à les limiter, la seule fois où ils ne reconnoissent point de limites ! Malheur à nous, si de légèreté ou de fatigue, nous allions accepter sur parole et sanctionner sans examen ! Notre sort est entre nos mains, nous-mêmes allons le décider, le choisir et nous ôter le droit de l'imputer à d'autres qu'à nous-mêmes. *Souverains* aujourd'hui, nous ne serons

bientôt plus que *sujets* : une fois la Constitution acceptée, le *Projet* qui nous fut
soumis devient la *Loi* qui nous soumettra;
alors au choix succède l'obéissance.

Plein de respect pour le Rapport de la
Commission, mais en même temps pénétré
de mon droit et de mes devoirs, je vais
examiner ce Rapport dans ses points principaux : je le suivrai dans les bases et les
limites qu'il donne à la Souveraineté nationale, dans les principes de la Représentation, dans la Constitution de la Législature, dans celle du Pouvoir exécutif; et
comparant ensuite ces *moyens* aux *effets*
qu'ils doivent produire, je dirai avec la
même franchise ce que je crois bien, ce
que je croirois mieux, et quitte après cela
de mes devoirs envers la Société et envers
moi, je saurai me soumettre.

CHAPITRE II.

CHAPITRE II.

Idée sommaire de la Constitution.

Lorsque l'on veut se rendre raison d'une méchanique, ce n'est point à compter tous les clous et autres minuties semblables que l'on doit s'arrêter, autrement la notion sera aussi compliquée que la méchanique elle-même : la structure des principaux rouages, le jeu et l'artifice des ressorts, la nature du mouvement qu'ils déterminent, voilà ce qu'il importe d'observer.

Il doit en être ainsi de l'examen d'une Constitution : quoique toutes ses parties soient *intégrantes,* elles ne sont pas toutes *essentielles;* il en est qui résultent de l'ordre général, il en est d'autres qui le produisent : à la première classe appartient le système de l'Administration ; à la seconde, celui du Gouvernement.

D'où part le Pouvoir dans l'État? comment s'exerce-t-il, et par qui? quels sont ses divers attributs? quelle est sa fin?...

B

ou en autres termes : En qui réside la Souveraineté ? quelle part en exerce immédiatement le Souverain ? quelle part en confie-t-il ? qu'est-ce que le Pouvoir *Législatif*? comment est-il constitué ? qu'est-ce que le Pouvoir *Exécutif*? comment est-il exercé? quel est le résultat de ces combinaisons? Voilà les points qu'il importe d'examiner dans toutes les Constitutions possibles, et tels sont ceux que j'examinerai dans le plan de la Commission.

Ce plan, auquel il est aisé de voir que beaucoup plus de mains que de têtes ont travaillé, et qui n'est guères qu'une compilation de diverses parties des Constitutions Américaines et Helvétiques, manque essentiellement d'ensemble et de génie : et sans connoître aucun des onze Pères qui lui ont donné le jour, je répondrois que chacun d'eux l'eût mieux conçu à lui tout seul, qu'avec le concours des dix autres.

Mais convenons aussi que ce plan, tout défectueux qu'il puisse être, nous rapproche d'un très-grand pas vers l'ordre, et sur-tout vers la liberté ; et quelqu'éloignés que nous soyions encore de ce double but, jamais depuis 89 nous n'en fûmes aussi voisins.

Certainement l'ancienne Monarchie por-

toit en elle un vice énorme, en concentrant
tous les pouvoirs dans une seule main : mais
ou je me trompe fort, ou la Constitution de
89 en renfermoit un plus énorme encore,
en distribuant les Pouvoirs sans les garan-
tir l'un de l'autre, et en concentrant tout
le Pouvoir Législatif dans un seul Corps.
Pour celle de 95, quoique moins artistement
combinée dans tous les autres points, il
suffit qu'elle établisse la division de la Législature, pour renfermer en elle les germes
de sa continuelle amélioration, et mériter
par cela seul la préférence.

Établissons ses principales bases :

La France est une République, où la
Souveraineté réside dans l'universalité des
Citoyens ; et le droit de Cité dans tout Habitant mâle, né ou naturalisé Français,
âgé de 21 ans, et payant une contribution
foncière ou personnelle quelconque.

Le Souverain exerce par lui-même le
Pouvoir Electeur quant au choix de ses
Magistrats, de ses Juges et de ses Repré-
sentans.

Il fait exercer par ceux-ci la Puissance
Législative.

Le Corps Législatif est divisé en deux
Sections, qui l'une et l'autre se renouvellent

par moitié tous les deux ans, et dont l'une a l'initiative, et l'autre la finale des loix.

L'exécution des Loix est confiée à un Directoire nommé par la Législature, hors de son sein, responsable, composé de cinq membres, et qui se renouvelle par la retraite annuelle d'un de ses membres.

Ce Directoire nomme à son tour, pareillement hors de son sein, des Agens généraux respectivement responsables de la partie d'exécution qui leur est confiée.

CHAPITRE III.

Du Droit de Cité.

Dans tous les temps les hommes ont recherché l'origine et la propriété du *Droit :* Pour moi, je pense qu'il en est de lui comme des Dieux, il faut y croire sans sonder leur nature, autrement on s'y perd. Il est certaines choses si respectables, que la pensée même les profane ; il en est d'autres si délicates, que le regard seul les ébranle.

Je crois que l'on pourroit réduire à ce peu de propositions toutes les maximes du Droit politique.

Le Droit de Souveraineté réside dans l'universalité des Citoyens, et celui de Cité dans chacun d'eux.

Le Droit de la masse des Citoyens sur la masse des personnes et des propriétés, est le même que celui de chaque Citoyen sur sa propriété et sa personne.

Le Propriétaire seul est en droit de disposer de sa propriété : de même ceux-là seuls ont-ils droit de régir un pays qui en sont les Propriétaires.

Qui n'a point de Droits *civils* sur une propriété, ne peut à plus forte raison pas exercer des Droits *politiques* sur les propriétés des autres.

Je crois de même que l'on pourroit réduire à ceci les principales maximes d'*intérêt* politique.

La régie de la Société est d'autant plus parfaite, qu'elle est entre les mains des gens les plus intéressés à ce qu'elle soit bien régie.

Celui qui a, est d'autant plus intéressé à bien régir, que plus l'ordre est parfait, mieux ce qu'il a est garanti.

Il n'y a donc aucun danger pour celui qui n'a rien à être gouverné par celui qui a quelque chose, tandis qu'il y en a un très-grand pour celui qui a quelque chose, à l'être par celui qui n'a rien.

Ainsi, ce n'est pas tant à gouverner qu'à être sagement gouverné, que chacun doit prétendre; ce n'est pas tant de Droit que d'intérêt dont il s'agit ici.

Non-seulement donc le Droit exclut de la régie de la Cité celui qui n'y possède rien; mais la prudence veut encore que beaucoup de ceux qui y ont quelque chose, en soient pareillement exclus.

Ce n'est donc pas une contribution foncière ou personnelle *quelconque*, mais une contribution foncière ou personnelle *déterminée*, qui doit fixer le Droit de Citoyen.

Celui qui dans la Société paye de sa personne et de sa propriété, paye le double de celui qui ne paye que de sa personne; j'en conclurois que pour égaliser le Droit, la quotité d'imposition fixée pour l'admission à la Législature au Propriétaire mobilier, doit être double de celle fixée au Propriétaire foncier.

Mais ce n'est pas ainsi que l'a envisagé la Commission.

Est Citoyen, a-t-elle dit, tout habitant qui paye une contribution foncière ou personnelle *quelconque;* et comme il n'est que les voleurs de grands chemins, les mendians et ceux qui n'ont ni feu ni lieu qui ne payent pas une contribution quelconque, on doit conclure que c'est de l'air Français, beaucoup plus que du territoire Français, qu'émane le droit de Cité, puisque tout ce qui le respire en tire sa vie politique.

Il est vrai que l'éligibilité à la Législature suppose une propriété foncière; et ici encore, ce me semble, la Commission applique le principe à rebours. Ce n'est pas le droit d'éligibilité qui devoit être limité, mais celui d'élection ; il falloit concentrer le droit d'élire dans le Propriétaire foncier ou dans le Propriétaire mobilier, payant le double de la contribution fixée pour l'autre, et étendre celui d'être élu à tous les habitans. En effet, nul n'a le droit de s'ingérer dans les affaires d'un autre, mais celui-ci est pleinement en droit de les confier à qui bon lui semble : alors il n'en résulte aucun danger, parce que le maître qui choisit, choisit toujours de main de maître ; que s'il remet les intérêts de sa propriété au non-Propriétaire, c'est que dans un tel cas, il en est sûr autant que de lui-même ; que celui-ci n'ayant rien, n'a rien pour le corrompre, et qu'ayant été choisi, c'est qu'il étoit évidemment digne du choix : il en résulte enfin qu'en échange du droit inutile de donner son suffrage, le non-Propriétaire obtient le droit bien plus réel, bien plus précieux pour lui de recevoir celui des autres ; et que dans cet état de chose, tout est dans l'ordre et se fait avec ordre, parce que tout se trouve à sa place.

Je sais fort bien que le Législateur reçoit souvent la loi des choses au lieu de la leur faire, et que la circonstance décide plus souvent dans les affaires humaines, que les Principes : mais en deux traits de plume, aliéner la Souveraineté, égaliser les droits où il existe inégalité de mise, c'est une de ces choses que rien ne légitime, et dont l'expérience de l'avenir fera sentir tout le danger, puisque l'expérience du passé ne l'a pas encore assez fait sentir.

Il en résultera que les non-Propriétaires étant bien plus nombreux, et sur-tout plus entreprenans que les autres, maîtriseront les élections comme ils l'ont déja fait tant de fois : que les Assemblées se trouvant composées d'hommes dont la pauvreté donne du prix à un écu, celui qui aura le plus d'écus, obtiendra le plus de suffrages : que ces hommes d'ailleurs ne pouvant parvenir aux places Législatives, s'en dédommageront en les vendant, et que voulant tirer parti du moins de leurs suffrages, ils préféreront les vendre à les donner : que le Propriétaire qu'ils éliront, ou partagera leurs principes, ou leur aura partagé son or : que pour retrouver ses avances, celui-ci sera obligé à son tour de revendre sa conscience et son crédit : que pour le conserver, chaque jour il augmentera les prérogatives de la Populace : que plus celle-ci deviendra puissante, plus elle deviendra entreprenante, et que le Peuple enfin, placé entre la tyrannie de la multitude et celle du Gouvernement, se verra obligé chaque mois de faire un 1.er Prairial ou un 9 Thermidor.

En deux mots : la Commission, en accordant au Peuple le droit d'élire, et en le privant de celui d'être élu, le frustre au lieu de le favoriser, parce qu'on tient plus à pouvoir être nommé à une place, qu'à y nommer soi-même ; et quand on considère ce qui résulte de ce renversement de l'ordre, on peut trembler d'avance sur ses suites.

CHAPITRE IV.

De la Puissance Législative.

DIRE qu'un homme a naturellement des droits sur un autre homme, ce qui signifieroit qu'un autre peut en avoir plus sur moi que moi-même, seroit une absurdité bien étrange : une plus grande encore, seroit de croire que le droit qu'il n'a pas sur un seul, il l'a sur beaucoup d'autres ; cependant on l'a cru long-temps.

La volonté du tout, quant à lui-même, est tout ; celle de l'unité n'est qu'unité : le tout peut seul vouloir pour le tout ; une minorité et moins encore un seul ne peuvent lui faire la *loi*, et la soumission générale ne peut légitimement s'appliquer qu'à la volonté générale.

Mais le droit qu'une minorité n'a pas sur la majorité, celle-ci l'a sur l'autre : tous peuvent très-bien vouloir pour quelques-uns, parce que l'obéissance à la volonté générale est la condition de la protection générale, qui ne s'applique qu'en retour de l'adhésion au pacte , et se retire de tous ceux qui n'y adhèrent pas : alors ils rentrent , eux et leurs biens, à l'égard de la Société dont ils violent ou rejettent les loix, dans l'état de nature, et par-là redeviennent soumis à l'action du plus fort.

La Souveraineté réside donc dans la Nation ; mais quelle que soit cette Nation, elle ne peut l'exercer elle-même dans toute son étendue : car, d'abord en sa qualité d'Assemblée Législative elle seroit essentiellement inerte et inhabile à toute espèce *d'exécution,* outre qu'elle ne pourroit au même instant commander et obéir, être le Souverain et le sujet.

Pour ce qui est de la Puissance Législative dans laquelle réside proprement la Souveraineté, il n'est guères qu'une ville, ou tout-au-plus un Canton Suisse, qui par le rapprochement de toutes les parties, l'identité absolue de lieux, de mœurs et d'intérêts, puisse l'exercer immédiatement. — Encore en sent-on tout l'abus.

Quant à une Nation de quelque conséquence, de l'instant où ne pouvant se réunir en une seule Assemblée, elle est forcée de se diviser en plusieurs, l'exercice de sa

Souveraineté se réduit à la déléguer, et son Pouvoir une fois délégué, elle y reste soumise.

Dès-lors la *Représentation* prend tous les caractères du Peuple qu'elle représente : comme la volonté générale ne peut être représentée par une seule, il nommera plusieurs Représentans ; comme elle change, il les renouvellera : comme il ne peut pécher envers lui-même, ils ne le peuvent pas davantage (1), et dès-lors ils sont inviolables ; mais comme ils ne peuvent être punis, ils doivent pouvoir être changés, et c'est encore pourquoi ils seront amovibles : enfin, comme la partie ne peut donner des loix au tout, la Représentation sera complette. Ainsi la *pluralité*, l'*amovibilité*, l'*inviolabilité* des Représentans, l'*intégrité* de la Représentation, tels sont les principes du Gouvernement représentatif.

J'ai parlé des similitudes, examinons les différences. Lorsqu'un Peuple exerce immédiatement son Pouvoir, il peut en faire ce

---

(1) Politiquement parlant, — Tout ce que peut le Peuple, sa Représentation le peut de même, lorsqu'elle est investie de pleins pouvoirs ; car de cet instant, elle n'est autre chose que lui-même.

qu'il veut sans danger, parce que l'exer-
çant sur lui-même, il sent bien s'il s'op-
prime, et qu'il ne peut s'opprimer lui-même
ou du moins tout lui-même à la fois, ne
pouvant être au même instant et l'oppres-
seur et l'opprimé. Lorsqu'au contraire il
remet ce Pouvoir à une très-petite partie
de lui-même, cette partie peut très-bien
l'employer contre le tout, en abuser comme
en user, le retenir ou le restituer, puisque
l'ayant tout entier dans ses mains, il n'en
reste plus en dehors pour le reprendre ou
pour le refréner.

Il s'agit donc de prendre à l'égard du
Pouvoir *délégué*, certaines précautions qui
seroient superflues s'il étoit immédiatement
exercé par le Peuple : il faut qu'il soit constitué de telle sorte, que pouvant tout pour
la sûreté commune, il ne puisse rien contre
elle, et pour cela, que ses parties ne puissent
rien les unes contre les autres, ce qui
arriveroit s'il étoit *divisé*, et qu'elles ne
puissent rien contre l'État, ce qui arriveroit si elles étoient toutes dans les mêmes
mains : de même donc que la Souveraineté
est une, le pouvoir doit être *un* ; mais de
même aussi qu'un acte de Souveraineté ne
peut être produit par une partie seulement

du Souverain, de même l'emploi du Pouvoir doit-il être produit par le concours de toutes ses parties : le Pouvoir sera donc *un* et l'Autorité *divisée;* et de cette manière, le Pouvoir sera absolu sans que l'Autorité le soit.

Le Pouvoir qui fait la loi est réellement le seul Pouvoir dans l'État, puisque c'est à la loi que tous les autres obéissent. Si donc le Pouvoir Législatif étoit mû par la volonté d'un seul homme ou par celle d'un seul corps, (ce qui revient au même, puisqu'ils n'en ont l'un et l'autre qu'une seule à la fois) n'est-il pas vrai que cet homme ou ce corps seroient également absolus ? Si au contraire le concours de deux volontés étoit nécessaire à l'emploi du Pouvoir, n'est-il pas vrai encore, que dépendant l'une de l'autre, ce seroit désormais le Pouvoir, et non pas ses moteurs, qui seroit absolu ? Eh bien ! tel est le cas lorsque le Corps Législatif est divisé. Ses deux Chambres peuvent être considérées comme les deux sexes de la Législature, dont chacun renferme les principes de la vie, mais dont aucun ne la donne sans s'être uni à son semblable : une moitié seule ne peut rien, et ses deux moitiés peuvent tout.

De toutes les divisions de la Législature, la meilleure, ce me semble, sera celle où un intérêt particulier à chaque moitié s'opposera à leur connivence, et où un intérêt commun à toutes deux, qui sera l'intérêt général, les forcera toujours de se réunir. Tel est le cas de l'Angleterre, où des intérêts différens sont tellement ménagés qu'ils tendent tous au même but, la garantie de la Constitution. Ainsi, la Chambre haute, par la nature de ses prérogatives, est très-particulièrement intéressée à défendre celles du Pouvoir exécutif, sans l'être néanmoins à attaquer celles du Peuple; la Chambre basse à défendre celles du Peuple, sans l'être à attaquer celles du Trône; et si la Commission, dans son discours préliminaire, ne nous disoit expressément qu'il faut frémir à l'idée de Rois et de Nobles, parce que dans la nature il n'y a ni Nobles ni Rois, je persisterois à penser qu'une Constitution sanctionnée par les siècles, vaut bien autant qu'une Constitution qui n'a jusqu'à ce jour que le suffrage de ses Auteurs.

C'est donc sur la différence des âges qu'elle a fondé la division de la Législature Française : et en effet, de toutes les aristocraties, celle de l'âge est la plus naturelle, telle, et c'est peut-être aussi de toutes la moins offensante, parce qu'elle est la mieux fondée; des cheveux blancs sont une décoration bien plus auguste en soi qu'un cordon bleu : l'empire de la maturité sur la jeunesse n'est d'ailleurs autre chose que celui de l'expérience sur l'imagination, et je conviens que chez un Peuple auquel on n'aura pas appris pendant cinq ans à ne rien respecter, une pareille institution pourroit être fort respectable.

Mais dans ce cas encore, et dans celui où il seroit prouvé que l'on tire un meilleur parti des âges en les séparant comme la Commission les sépare, qu'en les mêlant comme les mêle la nature, je voudrois que l'on eût un peu mieux calculé leurs mobiles, et un peu mieux proportionné les rapports dans lesquels on les met entr'eux. On place dans un Conseil de cinq cents *jeunes-gens* le droit, le droit exclusif de *proposer* les loix; dans un Conseil de cent quatre-vingt vieillards, le droit exclusif de les *rejeter* ou de les *admettre* : je ne sais si chacun se contentera de sa part, et si tous deux ne chercheront pas indirectement à l'étendre, puisqu'ils ne le pourront directement; mais ce que je sais bien, c'est que le jeune âge

C

ne doute de rien, et que le vieil âge doute
de tout ; que l'un est très-entreprenant,
et l'autre très-désapprobateur : que l'un
n'ayant de droit que celui de dire *oui* ou
non, et montrant bien mieux sa puissance
en disant non qu'en disant oui, dira très-
souvent *non* : que l'autre, au contraire,
n'étant formé que de jeunes-gens, où rien ne
tempérera l'effervescence de la jeunesse, et
d'une jeunesse fort nombreuse, ne produira
que des loix crues, que les anciens par cela
même rejetteront à bon droit, et sur-tout avec
grand plaisir. Cependant les premiers ver-
ront impatiemment que leurs propositions
sont mal accueillies : la résistance des oppo-
sans les irritera, ils voudront la vaincre ;
car tout le monde, et sur-tout la jeunesse,
aime à vaincre : ils franchiront d'abord
l'intervalle fixé entre les discussions, en
demandant l'urgence ; l'urgence sera rejetée,
ils voudront passer outre : ne trouvant
aucune arme dans la loi, ils iront en chercher hors d'elle, et il en sera alors de ces
deux Chambres, comme il en fut long-temps
des Jacobins et de la Convention : on com-
mença par des chicanes, et l'on finit par des
combats. Ceux-là n'avoient non plus que le
droit de proposer, et l'on se contente rare-

ment de ce droit ; on s'en contente d'autant moins, que les propositions sont moins bien accueillies : quand donc ils virent que le Législateur ne les écoutoit plus, ils s'adressèrent au Peuple ; ils lui dirent *qu'il étoit trahi, qu'il devoit se sauver lui-même* . . . . . Et l'on verra la même chose ici : on met aux prises le vieil âge avec la jeunesse ; eh bien ! il en sera précisément comme d'un jeune homme que l'on fait battre avec un vieillard ; le vieillard sera battu, et d'autant mieux battu, que l'assaillant a toujours l'avantage sur celui que l'on réduit à rester sur la défensive.

Il est aisé de voir que ce droit exclusif de proposer et de rejeter, attribué, l'un à la première, l'autre à la seconde moitié de la Législature, lui ôte l'un des principaux avantages qui sont naturellement attachés à sa division. Une loi qui subit une double discussion, doit être à une très-grande probabilité meilleure que celle qui n'en subit qu'une : elle s'ébauche dans une Chambre, elle se perfectionne dans l'autre ; ce qu'il y a de trop dans le projet de la première, est retranché par la seconde ; ce qu'il y a de trop peu est ajouté par celle-ci : d'où il résulte cet autre avantage bien important,

qu'ayant toutes deux concouru à sa formation, et pouvant chacune la regarder
comme son ouvrage, ce n'est plus l'esprit
de parti qui la fait rejeter ou admettre,
et que chacune ayant l'initiative, sent bien
qu'elle ne peut apposer son *veto* à toutes
les propositions de l'autre, sans exposer
les siennes au même sort.

Mais remarquez qu'ici le droit des *Anciens*
se réduit à rejeter ou accepter *en masse*,
sans pouvoir rien changer au projet des
Cinq-cents. Or, comme il suffit d'un seul
article de défectueux dans la proposition
pour la faire rejeter toute entière, et que
d'ici à bien long-temps il est probable que
chaque proposition en contiendra plus d'un
de cette espèce, on peut conclure que les
Anciens usant avec d'autant plus de rigueur
de leur droit de *veto*, qu'ils n'ont que celui-
là, l'appliqueront à tout, et qu'au lieu de
mauvaises loix, nous n'en aurons désormais aucune.

Un second avantage attaché à la division
de la Législature, est qu'une loi ayant besoin,
pour s'établir, de deux majorités, tandis
qu'il n'en faut qu'une pour empêcher son
admission, il est probable que celle qui est
admise est bonne, et que celle qui ne l'est

pas est tout au moins douteuse ; et les loix étant ainsi environnées par une double enceinte, il leur est également difficile d'y pénétrer et d'en sortir.

Ce n'est donc pas dans une institution où les innovations ont si peu de moyen d'entrer, qu'il falloit obvier à leurs dangers, par le danger plus grand d'un renouvellement par moitié. Qui ne voit que la moitié restante ayant l'expérience et la conduite de toutes les affaires, en sera la souveraine maîtresse, et que les arrivans formant de leur côté une ligne pour s'en emparer, tandis que les restans en formeront une autre pour s'en conserver le domaine, le Corps Législatif, au lieu d'être divisé en deux sections, le sera désormais en quatre ?

Mille autres considérations de détail se présenteroient encore ; je ne m'arrête qu'à celle-ci : on n'exige, pour être admis à la Législature, qu'une propriété quelconque : qu'en arrivera-t-il ? Que le Législateur n'y apportera non plus qu'une dose *quelconque* de lumières *quelconques*, d'incorruptibilité quelconque, de respect pour la propriété *quelconque*, et que l'Etat aussi se trouvera régi d'une manière quelconque.

CHAPITRE V.

Pouvoir Exécutif.

Un Roi tous les trois mois ! un Pouvoir exécutif en cinq personnes, ou pour mieux dire, deux Pouvoirs exécutifs, au lieu d'un ! des Agens responsables et leur Directoire responsable *aussi* ! une responsabilité solidaire et sans *veto* ! enfin ce prétendu Pouvoir, transformé en Commission, nommé par le Pouvoir Législatif ! Que de choses nouvelles et étonnantes !

Lorsque le Créateur fit l'homme, on dit que voulant le faire de toutes les créatures la plus parfaite, il le créa à son image : je crois que ce fut aussi la pensée de la Commission, lorsqu'elle fit le Pouvoir exécutif. Cinq Directeurs et six Agens font onze places, la Commission a onze membres, voila les onze Candidats ; et comme nul, mieux que l'inventeur, ne peut faire l'essai de son ouvrage, j'avoue que pour sa peine, autant que pour sa récompense, je voterois dès cet instant pour lui, s'il devoit à ce prix supporter à lui seul les risques de sa dangereuse invention.

Mais la France paiera-t-elle encore long-temps les frais d'école de ses Législateurs? Les verra-t-elle, étudiant sur ses malheureux restes, la disséquer encore et la mettre en lambeaux pour apprendre son anatomie? —Non. Le temps des expériences est passé, celui de les mettre à profit est venu : le Peuple est las de vos promesses, encore plus que de ses souffrances ; il doute de tout maintenant, excepté de ses maux ; et lorsque c'est la même main qui les causa, qui lui présente le remède, il a le droit, je pense, et il le tient de vous, de le prendre en tremblant.

J'ai remarqué souvent que l'obligation de mal faire étoit la punition d'avoir mal fait : la Convention a été si loin en Démocratie, que maintenant elle est forcée de l'établir jusques dans le Pouvoir exécutif, et (qui l'eût cru !) de peur de passer pour *Royaliste*, elle constitue l'Anarchie.

Quoiqu'il ait été plutôt décidé que prouvé, que la forme républicaine est la plus convenable à la France, je crois que discuter sa convenance, aujourd'hui qu'elle est établie, seroit aussi inconséquent, aussi pernicieux qu'il l'a été de l'établir avant de l'avoir discutée. Mais une question qui ne ressemble en rien à celle-là, puisqu'elle n'est pas résolue, c'est de savoir lequel, de l'*unité* ou de la *pluralité* du Pouvoir exécutif, est le plus compatible avec l'ordre et la liberté, et ce qu'il y a de plus républicain à le placer entre les mains de cinq, qu'entre celles d'un seul, s'il est prouvé, d'ailleurs, qu'un seul *gouverne* mieux que cinq?

Rien de plus curieux que la jurisdiction qu'exerce l'Opinion du jour sur celle du lendemain ou de la veille, et que le droit dont elle envoie à l'échaffaud celle qui d'un jour à l'autre peut l'y envoyer elle-même !... Lorsque je vois la République exterminer tout ce qui n'est pas elle, et s'armer de la peine de mort contre la Royauté qui n'est plus, et contre l'Aristocratie qui n'est pas grand chose, je me figure ces Sultans qui, pour s'assurer sur le trône, font étrangler, en y montant, leurs frères, leur famille, et tous les prétendans.

Boissy prétend que le Pouvoir exécutif doit être *complexe* ; je pense, moi, qu'il doit être *un* : mais qu'a de plus sacrée, en soi, sa pensée que la mienne? Qu'a celle-ci de plus impie? Il veut la liberté, mais qui ne la veut pas? Il a pour lui la Commission, mais n'a-t-il pas contre lui tout le monde, hormis elle : il veut que l'Empire Français soit régi comme la République de Raguse, mais si la France ne le veut pas!... Sachez donc une fois, Législateurs novices, qu'au-dessus de la volonté des Hommes règne la volonté des Choses; et que si elles s'écartent quelquefois, elles gravitent en toute éternité vers leur nature : un bras mortel peut bien les retarder, mais non les arrêter dans leur inévitable cours; il détournera bien l'*inclinaison* de l'aiguille aimantée vers le nord, mais non pas sa tendance; et qu'il lève seulement le doigt, elle y retourne.

Je rends justice au zèle de la Commission, mais elle s'est souvent mépris : elle s'est principalement mépris sur les principes du Pouvoir exécutif, et je ne craindrai pas d'avancer qu'en le plaçant en *plusieurs* mains, l'*ordre* public est aussi compromis que le seroit la *liberté*, si le Pouvoir Législatif l'étoit dans celles d'*un seul* homme.

Je dirai plus, et je soutiens que la liberté même sera sans garantie, tant que le Pouvoir exécutif n'en aura pas une en lui-même, et que, couvert de son *veto*, comme d'un bouclier impénétrable, il ne pourra, par la seule force de ce *veto*, repousser le décret qui porteroit atteinte à ses prérogatives, se défendre des invasions du Corps Législatif, et lui barrer le chemin de la tyrannie, en l'empêchant de confondre en lui-même tous les Pouvoirs.

En vérité, à la manière dont la Commission l'a doté, c'est plutôt comme un ennemi que l'on charge de chaînes, que comme un Protecteur qui couvre tout de sa puissante main, et représente en sa personne la *majesté* nationale. Malheureusement nous ne savons faire que des *loix*, encore les faisons-nous très-imparfaites : puissance d'imagination, de préjugés, de passions, de morale, tout cela est perdu pour nous; aussi, où d'autres mettroient des liens, ne savons-nous mettre que des chaînes.

Rien n'économise plus la force *réelle* que la force d'*Opinion* : si le Pouvoir exécutif eût été abondamment environné de celle-ci, c'eût été autant à diminuer de l'autre : mais quelle Force *dérobée* ne lui faudra-t-il pas, lorsque pour sentinelle on ne lui donne que la défiance et la haine ? En tout, il vaut mieux, ce me semble, donner que laisser prendre : en

dépouillant le Pouvoir exécutif de sa pré-
rogative naturelle, celle de *juger* de ce qu'il
est chargé de faire, on le force de recourir
au moyen secret de la reprendre ; et ce
moyen est tout trouvé : il faudra bien, pour
que le Conseil des Anciens place avec quelque ombre de raison son *veto*, qu'il sache
pourquoi il le place : Or, il ne peut le
savoir de lui-même ; car ce n'est pas le
mérite *intrinsèque* de la loi, mais son mérite
relatif qui détermine sa bonté ; il sera donc
obligé de consulter le Pouvoir exécutif,
parce que celui-ci seul connoît précisément
les convenances du moment, et que sa
connoissance est à celle de l'autre, comme
la vue à la vision, l'expérience à la spécu-
lation : Or, le Pouvoir exécutif étant ou
devant être consulté, il dirigera l'opinion
des Anciens, non selon ce qui importe
à l'Etat, mais selon ce qui importe au
Pouvoir exécutif ; et l'on saura alors lequel
est le plus dangereux de l'ennemi qu'on
gagne, ou de celui qu'on pousse à bout.

Rien ne soulage plus les Loix que les
Moralités : mais nulle part la moralité
n'entre moins que dans un être collectif :
il voit bien l'échaffaud, s'il fait mal, mais il
ne voit pas la gloire, s'il fait bien : une

fois sa responsabilité à couvert, s'il se croit quitte ; et il estime avoir tout fait, précisément au point où le Grand homme croit avoir encore tout à faire.

Il est incontestable qu'un grand Etat a plus besoin de force qu'un petit : il l'est également que plus la force à mouvoir est grande, plus le levier doit être fort, et que plus l'action à imprimer est forte, plus elle a besoin d'unité : mais quelle unité peut avoir une action dont le principe est divisé ? une action produite par cinq volontés ? La Commission a calculé sans doute que les Membres du Directoire laisseroient, avant d'y entrer, leurs intérêts, leur amour-propre, leurs passions, en un mot tout ce qui divise : mais enfin est-il sûr que toutes leurs résolutions seront unanimes ? et si elles ne sont pas unanimes, est-il certain que l'Opinion vaincue ne fera pas tous ses efforts pour reprendre ses avantages, et l'Opinion victorieuse pour se maintenir dans les siens ? Que si une fois deux partis s'établissent, ils ne chercheront pas des Auxiliaires autour d'eux ? Que du choc des intérêts particuliers, l'intérêt de l'Etat sortira toujours triomphant ; qu'au milieu de la mobilité des partis, le système du

Gouvernement restera toujours immobile, et que sa propre action ne sera pas plus souvent dirigée sur lui que hors de lui-même ? — Figurez-vous un char à six chevaux, dont les rênes seront tenues par cinq conducteurs : que chacun tire de son côté ; que l'un veuille pousser à droite, quand l'autre veut aller à gauche ; que bientôt enflammés de colère, ils cherchent à s'arracher les rênes, puis les lâchent pour se saisir, dirigent leurs fouets sur eux-mêmes et se renversent les uns sur les autres ; que durant le combat les chevaux fuient, s'emportent, volent de précipice en précipice ; que le char verse, et qu'enfin il se brise . . . . . Voilà le Directoire, les Agens, la République, — Et la Réalité.

Si donc j'envisage le Pouvoir exécutif dans ses rapports avec l'Etat ; je vois qu'il est trop au-dessus des hommes, et pas assez des choses.

Dans ses rapports avec les individus, qu'il est trop élevé pour ne pas inspirer l'envie, trop peu pour inspirer le respect.

Dans ses rapports avec le Corps législatif, qu'étant sa créature, il sera son esclave ; que s'il ne veut pas être son esclave, il sera sa victime.

Dans ses rapports avec les Nations étran-
gères ; que tous les secrets de l'Etat étant
entre les mains de cinq personnes, seront
soumis aux chances de corruption ou d'im-
prudence de chacun d'eux.

Enfin, dans sa nature même, qu'il porte
en lui tous les caractères d'une Administration, et aucun de ceux d'un Gouvernement.

CHAPITRE VI.

Continuation du même sujet.

Lorsque le Souverain délègue son Pouvoir, ce n'est pas à dire qu'il confère le
droit d'en abuser : il faudra donc que celui
qui l'exerce en réponde ; mais imputer au
Corps Législatif cette responsabilité, ce
seroit rendre la bouche responsable de la
pensée qu'elle articule.

La volonté législative articule, représente
la volonté nationale, et à moins que d'être
limitée par un mandat, elle n'a pas plus de
limite qu'elle : n'étant subordonnée à aucune loi, puisqu'elle est la loi même, elle
ne peut en violer aucune. Or, la violation

de la loi faisant seule matière d'un délit,
le Corps Législatif n'est jamais délinquant,
dès-lors en aucune manière responsable,
et le supposer tel, équivaudroit à croire
que le Peuple peut l'être envers lui-même
du choix de ses Représentans.

Mais il n'en est pas ainsi du Pouvoir
exécutif : soumis aux loix dont l'exécution
lui est confiée, ce que la loi lui ordonne
de faire, il doit le faire, autrement il déso-
béit; ce qu'elle ne lui ordonne pas, il ne
doit pas le faire, autrement il prévarique :
en un mot, il est dépendant de la loi, et
dès-lors il lui doit des comptes.

Voyons donc à quelles conditions le Gouvernement peut se charger de la responsabilité. Exécutera-t-il indistinctement toute
loi? Si cette loi est inexécutable, et lui
seul peut en être juge, répondra-t-il de son
exécution? Je l'avoue, ce seroit un dévoue-
ment étrange que de répondre des bévues
du Corps Législatif, d'en répondre au Corps
Législatif lui-même; et en faisant cette
question, je n'ai voulu qu'en faire sentir
l'absurdité. Pour être garant d'une action,
il faut avoir été libre de la faire, et le Gouvernement ne sera raisonnablement responsable de l'exécution d'une loi, qu'autant

qu'il l'aura lui-même consentie : alors, mais alors seulement, il est véritablement responsable, parce que pouvant accepter ou rejeter, il agit avec choix, et cesse d'être *machine*. Le droit de sanction et de négation est donc la condition fondamentale et première de sa responsabilité.

Qu'arrive-t-il delà ? que la partie exécutive de la Puissance se trouvant concourir à la formation de la Loi, par la terminaison qui lui en est attribuée, devient réellement un *Pouvoir*, qui, de cette façon, porte en lui-même sa garantie, et par une conséquence rigoureuse, (comme je l'ai déja fait observer) celle encore de la liberté publique. Car si la liberté publique est anéantie de l'instant où tous les Pouvoirs viennent à se confondre, n'est-il pas évident que si le Pouvoir exécutif n'est revêtu du droit d'apposer son *veto* à la Loi qui le réuniroit au Corps Législatif, celui-ci peut à chaque instant l'envahir, l'exercer, et se constituer Despote?

Il résulte encore de cette inspection sur les Loix attribuées au Pouvoir exécutif, que passant à un triple tamis, elles seront à une triple probabilité plus parfaites ; qu'assujetties à trois ancres, elles seront plus stables, etc. etc.

Une

Une seconde condition de la responsabilité du Pouvoir exécutif, est qu'il soit *un*.
Nul ne peut répondre que pour lui-même;
responsabilité solidaire est une absurdité :
c'est imputer à l'un l'action de l'autre, et
une telle responsabilité supposeroit que les
mesures pourroient toujours se prendre à
l'unanimité.

Au premier coup-d'œil, il est vrai, on
croiroit concevable un Pouvoir exécutif composé d'autant de Pouvoirs particuliers que
l'on pourroit imaginer d'attributions diverses, et qui, *indépendans* les uns des autres,
seroient, par là même, en état de répondre
chacun pour lui. Dans ce cas, au lieu
d'être autant de fractions d'une seule unité,
ce seroit autant d'unités différentes : mais
quel seroit le résultat ? d'où partiroit la direc-
tion universelle ? qui conduiroit les mou-
vemens divers au but unique ? qui les empê-
cheroit, ou de se détourner les uns des
autres, ou de se tourner les uns contre les
autres? enfin, qui forceroit de concourir aux
mêmes fins, et dans le même sens, ces Tous
indépendans les uns des autres ? Sans doute,
ils doivent être indépendans les uns des
autres, mais l'on voit bien en même temps,
qu'en dernière analyse il faut aussi qu'ils

D

soient tous dépendans d'un pouvoir moteur et unique , d'où , comme de leur centre
commun , ils partent pour aller aboutir à
tous les points de la circonférence , par
laquelle on peut représenter le contour du
corps politique. Mais est-ce dans un être
collectif que ce Pouvoir moteur de tous
les autres peut résider? Pour répondre à
cela , qu'on conçoive bien la nature d'un
corps et l'esprit de ceux qui le composent :
l'alternative de lenteur et de fougue qui
caractérise ses actes, la mobilité de ses résolutions , suite inévitable de la mobilité des
partis , la furie que donne aux factions le
besoin de la puissance, à l'ambition le besoin
plus pressant de se mettre à leur tête et de
régner sur toutes , à la cupidité celui de
se vendre à l'ambition , au foible celui de
se rallier au plus fort, au plus fort celui
d'être le plus puissant ! Vous voyez ce
déchaînement de tous les intérêts, de toutes
les passions qui s'entre-choquent, se renversent, se brisent et se relèvent tour-à-
tour ! Eh bien ! arrachez tout-à-coup des
mains de ces furieux la Puissance, remet-
tez-la dans une seule , mais élevée si
haut, que l'ambition levant les yeux sur
elle, et n'y pouvant atteindre, les baisse

désespérée vers la terre ; voilà l'histoire du
Pouvoir exécutif confié à un Corps ou à
un Chef unique.

Lorsqu'Alexandre eut fait du Monde un
seul Empire, ou, pour mieux dire, une
province de son royaume de Macédoine, il
ne resta dans l'univers d'ambition que la
sienne, toutes les autres en furent accablées ;
mais à peine ne fut-il plus, que se relevant
toutes ensemble, elles se partagèrent la terre,
et la remplirent de leurs divisions.

Une troisième condition enfin de la responsabilité de ce Pouvoir, est la longue
durée en place, je dirois même la permanence de celui qui l'exerce. On ne peut
répondre ni de l'action qu'on n'a pas com-
mencée, ni de celle que l'on n'a pas finie ;
autrement ce seroit rendre le passé solidaire
pour le présent, et celui-ci pour l'avenir.

L'avantage de cette permanence, est qu'elle
assure en même temps celle des principes
du Gouvernement, son crédit et son expérience ; qu'elle le met en état de suivre avec
lenteur et uniformité, des plans qui exigent
uniformité et lenteur ; qu'elle le préserve
des intrigues qui se nouent à chaque renouvellement, et des brigues qui se dirigent
contre lui lorsqu'en le renversant, on peut

prétendre à lui succéder. Enfin , c'est à cette durée qu'est attachée la grande considération dont il a tant besoin , considération qu'obtiennent rarement les choses récentes , et que n'obtiendra jamais du Peuple celui qu'il vit la veille dans la foule , et qu'il sait devoir s'y replonger le lendemain.

Il y auroit un grand inconvénient à ce que le Corps Législatif fût inamovible , parce que la volonté nationale pouvant changer , il faut bien que sa représentation change , et revienne la puiser à sa source ; parce que d'ailleurs le Corps Législatif étant impunissable , il faut bien tout au moins qu'il soit renouvellé ; il faut même qu'il le soit fréquemment, parce que dans un long terme il pourroit être corrompu, ses membres embrasser et suivre des plans de fortune , les factions prendre une consistance trop dangereuse, et le Corps lui-même finir par séparer ses intérêts de ceux du Peuple. —Mais pour le Pouvoir exécutif tous ces inconvéniens disparoissent, parce que les *intérêts* ne changent pas comme la *volonté* nationale ; qu'il est incorruptible lui, (je ne dis pas lorsqu'on le met à la pension alimentaire de dix mille *myriagrames* ! ! !) et qu'étant responsable , il peut toujours être atteint s'il abuse.

Voilà les trois conditions de la responsabilité du Pouvoir exécutif : le droit de négation, l'unité, et la longue durée. Pour peu qu'on y regarde, on verra que sous un autre rapport ces conditions sont également indispensables ; le droit de négation à la garantie de la liberté, l'unité de personne à l'unité d'action, et la longue durée à la stabilité de l'ordre public et des relations extérieures.

Mais nous n'avons encore jusqu'ici que l'Ostéologie, si je puis m'exprimer ainsi, du Pouvoir exécutif ; et à quoi ressemblera-t-il, si ces os ne sont revêtus de chair, de muscles et de couleurs ? Le propre du Gouvernement est d'obéir en esclave à la Loi, et de commander en maître en son nom : il lui faut donc tout ce qui aide ; d'une part, l'obéissance ; de l'autre, le commandement : il agit sur la multitude, il lui faut donc ce qui impose à la multitude, et la soumet sans la forcer : le respect est la soumission de l'ame, comme l'obéissance est celle de la volonté ; lorsque l'ame est soumise, la volonté l'est aisément ; il a donc besoin du respect : mais qu'est-ce qui produit le respect ? Le mérite, sans doute, mais non pas le mérite nud. J'ai remarqué que la Nature a décoré tout ce qui doit donner des ordres ; chez le Sauvage, c'est le plus vieux, le plus fort ou le plus beau qui commande ; c'est que l'expérience, la force et la beauté règnent réellement sur tout, et je pense que le Peuple est assez comme le Sauvage.

Tel avili que soit ce malheureux Empire par quatre années de barbarie, il eût bientôt repris tout son éclat, si des hommes éclatans se mettoient à sa tête. Ce n'est pas seulement une Constitution bonne en elle, ou un Pouvoir exécutif bon en soi, c'est une réunion d'hommes généreux, grands et illustres, qui doivent décorer ce Pouvoir qui, par lui-même, a tant besoin de décoration ; voilà ce qu'il nous faut aujourd'hui, et pour l'Europe qui nous craint sans nous respecter, et pour nous-mêmes qui avons perdu, et tout respect, et toute crainte.

Mais cet éclat ne suffit pas : y auroit-il rien de plus misérable, de plus promptement détesté que le Gouvernement, sur lequel naturellement retombe tout l'odieux de la force publique, s'il n'en avoit en même temps toute la magnificence, et si, distributeur des châtimens, il ne l'étoit aussi des récompenses ? Qui voudroit de l'Empire du monde, si ce n'étoit que pour punir ? On dit qu'il faut se faire craindre pour se faire obéir, mais pourquoi pas plutôt se faire aimer ? Ce qui attire, seroit-il donc moins fort que ce qui repousse ? **La** crainte n'est pas un mobile, ce n'est qu'un dissolvant. — Comme la Nature qui ne produit et ne conserve que par l'amour, j'en voudrois faire le lien de la société dont je serois bien plus la Providence que la justice ; c'est par lui que j'attacherois l'individu à la famille, la famille à la société, la société au Gouvernement ; et que, par une réciprocité naturelle, le Gouvernement se trouveroit à son tour attaché à la société, la société à la famille, la famille à l'individu. Mais à qui vais-je dire cela ?

CHAPITRE VII.

Conclusion.

J'APPROCHE de mon terme, il né me reste plus qu'à conclure.

D'abord je me suis attaché à prouver que l'extension du droit d'*élection* à tous les Contribuables, et la limitation du droit d'*éligibilité* aux seuls Propriétaires-fonciers, étoit le renversement de tout principe et l'inverse de toute raison : Que donner le droit d'élire à qui ce droit n'appartient pas, et ôter à qui ce droit appartient, celui d'élire qui lui plaît, étoit un contre-sens d'autant plus déplacé, qu'il mécontente en même temps le non-Propriétaire que l'on dépouille du droit *utile* d'être élu, en échange du droit *inutile* d'élire ; et le Propriétaire, auquel on ôte d'une part, le droit qui lui appartient exclusivement de nommer ses Représentans, et de l'autre, celui de les choisir où bon lui semble.

Ensuite, j'ai voulu montrer que le Corps Législatif prenant naissance dans ce chaos impur d'Électeurs ignorans et vénaux, et

empoisonné déja avant de naître, répandra
à son tour son poison sur tout ce qu'il
touchera ; que d'ailleurs, le principe sur
lequel est fondée sa division , joint aux
droits exclusifs de *proposition* et *d'opposi-
tion* , attachés, l'un à la première , l'autre
à la seconde moitié de la Législature , lui
font perdre la plupart des fruits de cette
division , et y placent les germes d'une
guerre qui ne s'éteindra que par la destruc-
tion de l'une ou de l'autre.

Enfin , j'ai cherché à prouver que la Constitution du Pouvoir exécutif étoit la nouveauté la plus dangereuse, outre qu'elle
est la plus bizarre que l'on pût introduire
dans le Corps politique; que ces cinq têtes
couronnées qui répondent les unes pour
les autres , et répondent de tout sans avoir
une part immédiate à rien, délibèrent sur
tout sans rien voir immédiatement, ne
seront bonnes qu'à couper, et que ce Pouvoir exécutif, impuissant d'embonpoint ,
nul en courage , neutre en action, n'aura
d'activité que pour se dévorer lui-même.

Et de ces données, je conclus : Que la
Constitution pèche principalement par sa
base et par son sommet ; que c'est par la
nature et le mode du droit d'élection que

cette Constitution périra, si toutefois le Pouvoir exécutif, tel qu'il est combiné, ne l'enraye dès le premier pas, et ne l'empêche de partir. Que jamais ce Pouvoir paralytique ne remuera une masse comme la France, sur-tout comme la France en guerre avec la moitié d'elle-même et avec les trois quarts de l'Europe ; en guerre avec ses dix milliards d'assignats, ses subsistances, son commerce et son agriculture ; en guerre avec les turbulens de toutes les espèces, les Jacobins qui osent tout, l'agiotage qui dévore tout, les différences d'opinions qui dissolvent tout ; enfin mourante, usée, n'en pouvant plus.

Et je vais vous le dire nettement, Législateurs ! Si pour le malheur général, la Constitution que vous préparez à la France ne lui va pas du premier coup, si elle ne devoit pas être la dernière, ne vous attendez pas qu'harrassée de dégoût, de fatigue, elle se prête encore à des changemens incertains ; désespérée, confuse, elle rassembleroit le peu de forces qui lui reste, non pour aller à la découverte d'un Gouvernement inconnu, mais pour se traîner expirante, et rendre le dernier soupir au pied du trône qu'elle a renversé.

Si donc ce dénouement, que vous seuls pouvez rendre désirable arrivoit, ne l'imputez qu'à vous, qu'à votre obstination, qu'à vos pernicieux préjugés, et sur-tout persuadez-vous qu'il ne seroit imputé qu'à vous-mêmes. C'est vous qui perdîtes la France, mais ce premier crime ne seroit rien, près celui de ne l'avoir pas sauvée : il n'est rien si vous la sauvez, et croyez-moi, vous le pouvez encore.

Restreignez le droit d'élection ; organisez plus savamment votre législature ; faites ce que fit Rome dans ses dangers, l'Amérique dans sa sagesse, donnez l'exécution des loix à un seul Chef, rendez-lui son *veto*, et qu'il soit, si vous le voulez, amovible tous les cinq ans ; diminuez la liberté politique pour étendre la liberté civile, souffrez que l'Opinion se joue en liberté dans son vaste domaine, les Cultes dans leurs religieuses enceintes, la Vérité à votre barre. — Alors présentez-nous cette Constitution, nous la jurerons tous ; et qu'ensuite on nous mène aux Anglais !

C'est à ce vœu que je m'arrête. — En relisant ces pages, que bien des gens trouveront hardies, j'éprouve quelque chose de plus, ce me semble, que la satisfaction du courage, et ce droit doit être l'orgueil de mon indépendance. Oui, je le sens, il n'étoit pas plus au pouvoir d'un parti de gagner ma pensée, qu'il ne l'est en celui d'un autre de lui donner des chaînes. Républicains ou Royalistes, je ne vous connois pas ! Que sont vos abstractions auprès du sentiment de la Patrie? A ce nom de Patrie, ne vous sentez-vous pas tous également émus ? Et quelle Opinion parle encore, quand ce sentiment a parlé ? Que vous importe à tous le nom propre de son Gouvernement, pourvu que ce Gouvernement la rende heureuse ? . . . . Mais cette terre qui nous donna naissance à tous, où nous coulâmes de beaux jours, où dorment les cendres de nos Pères, le pied de l'étranger la profanera-t-il? Recevrons-nous nos loix de l'Allemand ou de l'Anglais? Non ! non ! Cent fois plutôt les échaffauds de Robespierre que les Présens de l'étranger... S'il faut encore souffrir, s'il faut mourir, eh bien ! nous serons morts Français.

F I N.

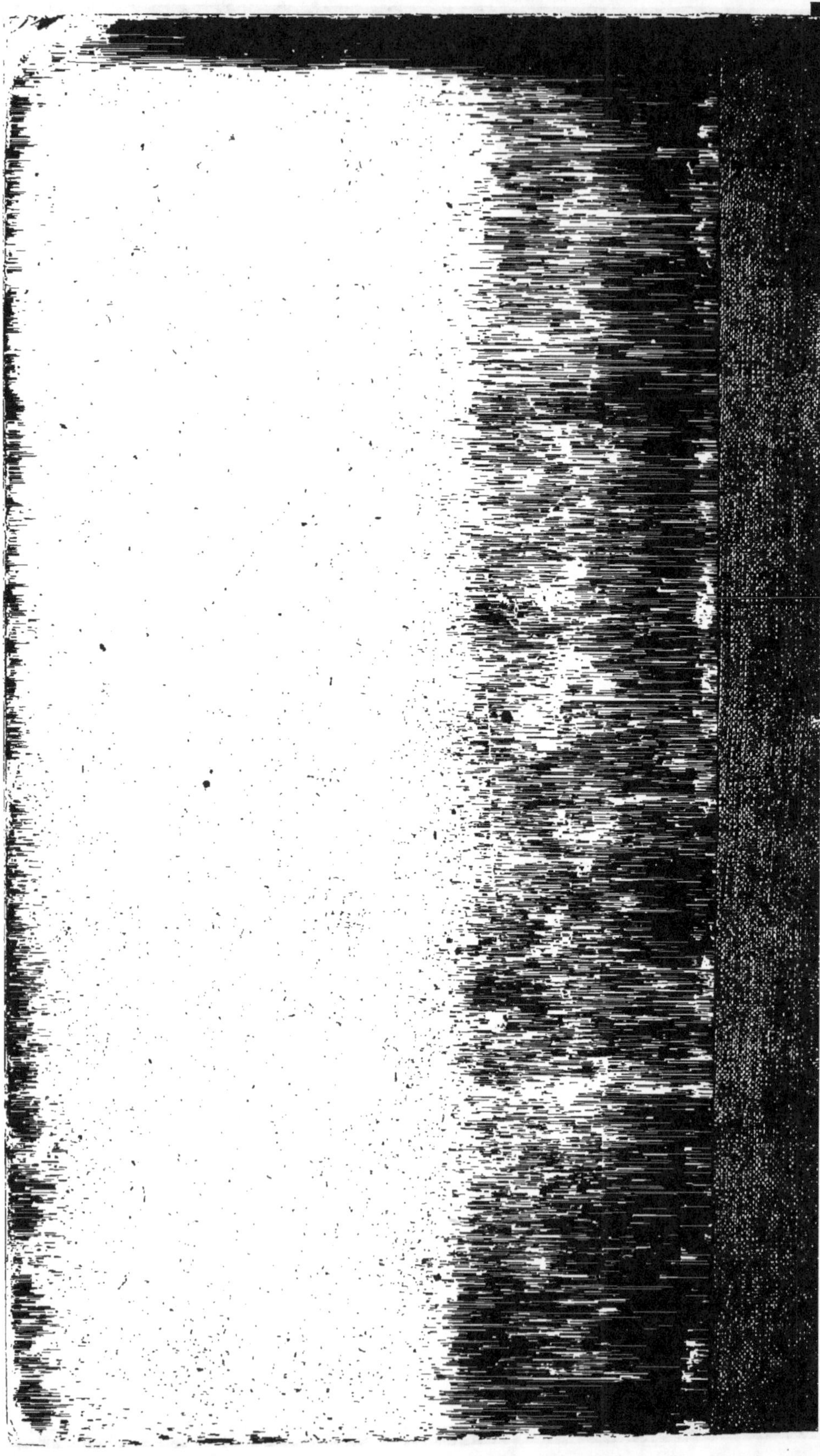